Género Texto expositivo

I0806034

Pregunta esencial

¿Qué hacen los que son buenos para resolver problemas?

LA Declaración DE Derechos

JANE KELLEY

Introducción

Imagina que vivías en la época de la Colonia. Tenías que obedecer las leyes británicas y al rey de Inglaterra. Muchas de las leyes eran injustas. También tenías que pagar impuestos muy altos. Si protestabas o te negabas a pagar los impuestos, ¡podías ir a la cárcel!

Los colonos estaban felices de ser libres después de ganar la Guerra de Independencia. Sin embargo, tenían muchas decisiones por tomar. ¿Quién dirigiría el nuevo país? ¿Quién haría las leyes?

Los trece estados originales, 1787

CAPÍTULO 1

¿Quién habla por el pueblo?

En el verano de 1787, en Filadelfia hubo una gran reunión, es decir, una convención. Doce de los 13 estados enviaron **delegados**, personas escogidas para representarlos. Los delegados debían ponerse de acuerdo acerca de cómo formar el nuevo gobierno. La situación era difícil. El país aún se estaba recuperando de la guerra. No querían que un nuevo gobierno les quitara la libertad que les había costado tanto esfuerzo obtener.

Hubo muchos discursos en la convención. Los delegados no siempre estaban de acuerdo. Algunas veces, se veían forzados a encontrar un modo de resolver sus diferencias y llegar a un acuerdo o **conciliación**. Esto duró todo el verano.

El 17 de septiembre de 1787, los delegados aprobaron por votación un nuevo plan para el gobierno. Se llamó la Constitución. Necesitaban que los estados aprobaran la propuesta. Si 9 de los 13 estados, o dos tercios, aprobaban la Constitución, el nuevo gobierno podría empezar a trabajar. Si no la aprobaban, la nueva unión podría romperse.

Todos los estados eran diferentes. Algunos de los estados querían un gobierno fuerte para dirigir el país. Otros estados querían la libertad de tomar sus propias decisiones.

Las personas que querían un gobierno nacional fuerte fueron llamadas **federalistas**. La palabra *federal* describe un gobierno central donde los estados aún tienen control sobre algunas leyes. Muchos federalistas eran propietarios de negocios. Ellos pensaban que la economía crecería con un gobierno central fuerte.

Alexander Hamilton fue el fundador del Partido Federalista.

Los **antifederalistas** formaban otro grupo. Muchos antifederalistas eran granjeros o ricos propietarios de tierras que valoraban la **independencia** de su estado. Ellos pensaban que la Constitución le daba mucho poder al gobierno federal. Querían que los estados tuvieran más poder sobre sus propias leyes.

"No conozco ninguna forma de juzgar... el futuro que no sea a través del pasado", dijo Patrick Henry, un antifederalista, en 1775.

Los estados debatieron la Constitución. Delaware fue el primer estado que **ratificó**, o aprobó, la Constitución. Al poco tiempo, hicieron lo mismo Nueva Jersey y Georgia. Estos estados tenían poblaciones pequeñas. La Constitución le daba a cada estado un voto igual en el **Senado**. No importaba cuántas personas vivieran allí.

Los federalistas y antifederalistas de Virginia y Nueva York no lograban ponerse de acuerdo.

Patrick Henry, un líder antifederalista de Virginia, insistía: la Constitución necesitaba una declaración de derechos.

James Madison, un federalista, vino al rescate. Sugirió una conciliación. Prometió que si Virginia ratificaba la Constitución y lo elegía en el Congreso, él trabajaría en la adición de una declaración de derechos a la Constitución. La promesa de Madison convenció a Virginia de ratificar la Constitución.

James Madison es llamado el Padre de la Constitución. Su voluntad de conciliar hizo posible formar el nuevo gobierno.

Otros estados aún no habían aprobado la Constitución. En Nueva York, los federalistas y los antifederalistas usaron los periódicos para continuar con el debate. Alexander Hamilton y otros federalistas decían que una declaración de derechos nacional era innecesaria. Consideraban que un gobierno fuerte haría lo que fuese mejor para todos. Luego, Nueva York ratificó la Constitución. Con más de los dos tercios que se necesitaban, la Constitución se convirtió en ley.

AHORA COMPRUEBA

¿Por qué fue necesario convencer a algunos estados de aprobar la Constitución?

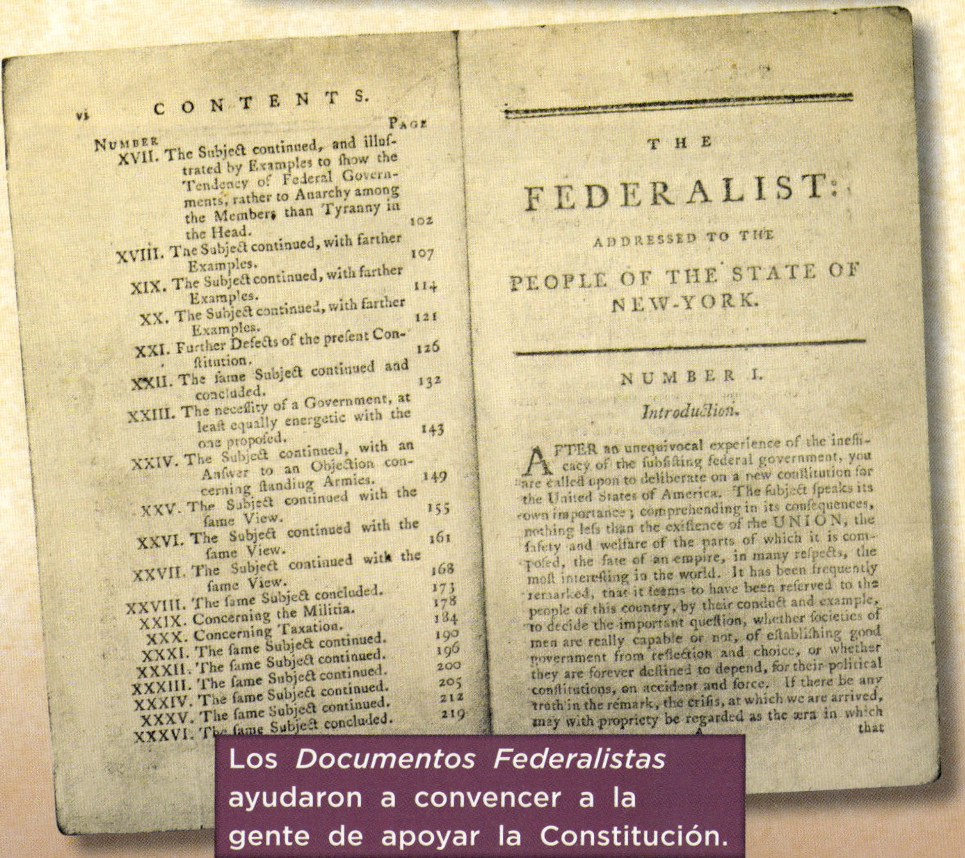

vi CONTENTS.

NUMBER		PAGE
XVII.	The Subject continued, and illuſtrated by Examples to ſhow the Tendency of Federal Governments, rather to Anarchy among the Members than Tyranny in the Head.	102
XVIII.	The Subject continued, with farther Examples.	107
XIX.	The Subject continued, with farther Examples.	114
XX.	The Subject continued, with farther Examples.	121
XXI.	Further Defects of the preſent Conſtitution.	126
XXII.	The ſame Subject continued and concluded.	132
XXIII.	The neceſſity of a Government, at leaſt equally energetic with the one propoſed.	143
XXIV.	The Subject continued, with an Anſwer to an Objection concerning ſtanding Armies.	149
XXV.	The Subject continued with the ſame View.	155
XXVI.	The Subject continued with the ſame View.	161
XXVII.	The Subject continued with the ſame View.	168
XXVIII.	The ſame Subject concluded.	173
XXIX.	Concerning the Militia.	178
XXX.	Concerning Taxation.	184
XXXI.	The ſame Subject continued.	190
XXXII.	The ſame Subject continued.	196
XXXIII.	The ſame Subject continued.	200
XXXIV.	The ſame Subject continued.	205
XXXV.	The ſame Subject continued.	212
XXXVI.	The ſame Subject concluded.	219

THE

FEDERALIST:

ADDRESSED TO THE

PEOPLE OF THE STATE OF NEW-YORK.

NUMBER I.

Introduction.

AFTER an unequivocal experience of the ineſficacy of the ſubſiſting federal government, you are called upon to deliberate on a new conſtitution for the United States of America. The ſubject ſpeaks its own importance; comprehending in its conſequences, nothing leſs than the exiſtence of the UNION, the ſafety and welfare of the parts of which it is compoſed, the fate of an empire, in many reſpects, the moſt intereſting in the world. It has been frequently remarked, that it ſeems to have been reſerved to the people of this country, by their conduct and example, to decide the important queſtion, whether ſocieties of men are really capable or not, of eſtabliſhing good government from reflection and choice, or whether they are forever deſtined to depend, for their political conſtitutions, on accident and force. If there be any truth in the remark, the criſis, at which we are arrived, may with propriety be regarded as the æra in which that

Los *Documentos Federalistas* ayudaron a convencer a la gente de apoyar la Constitución.

CAPÍTULO 2

Protección de los derechos individuales

El nuevo Congreso se reunió por primera vez en marzo de 1789. Los miembros de la **Cámara de Representantes** formaron comités para trabajar en temas diferentes. El Sr. James Madison cumplió su promesa a los habitantes de Virginia y empezó a trabajar en una declaración de derechos. No todos creían que la declaración fuera necesaria. A Madison le tomó tres meses convencer a un grupo de representantes para reunirse y debatir su plan.

Enmendar la Constitución

Los delegados que escribieron la Constitución incluyeron un plan para añadir enmiendas, o cambios, en el futuro. Para enmendar la Constitución se requiere que dos tercios de los miembros del Congreso y tres cuartos de los estados voten a favor del cambio.

Detective del lenguaje Busca una abreviatura de tratamiento de respeto en esta página.

Los miembros del comité tomaron ideas de la Declaración de Derechos de la Constitución de Virginia. Fue difícil decidir cuáles derechos incluir. Finalmente fueron aprobadas 12 **enmiendas**. Ahora era el turno de los estados para hacer su votación.

Dos años más tarde, 10 de las 12 enmiendas fueron aprobadas por 11 estados. Estas enmiendas fueron conocidas como la Declaración de Derechos. Protegen a las personas de ser tratadas injustamente por el gobierno.

No es un documento aparte

La Declaración de Derechos no tiene un título que diga *La Declaración de Derechos*. Cuando se habla de la Declaración de Derechos, se refiere a las primeras diez enmiendas de la Constitución.

Cronología de la Declaración de Derechos

- Junio de 1789: James Madison presenta la Declaración de Derechos a la Cámara de Representantes.
- 25 de septiembre de 1789: El Congreso envía la Declaración de Derechos a los estados para su votación.
- Noviembre de 1789: Nueva Jersey es el primer estado que ratifica la Declaración de Derechos.
- Diciembre de 1789: Maryland y Carolina del Norte la ratifican.
- Enero de 1790: Carolina del Sur, Nueva Hampshire y Delaware la ratifican.
- Febrero de 1790: Nueva York la ratifica.
- Marzo de 1790: Pennsylvania la ratifica.
- Junio de 1790: Rhode Island la ratifica.
- Noviembre de 1791: Vermont la ratifica.
- Diciembre de 1791: Virginia la ratifica.

A partir de ese momento las enmiendas forman parte de la Constitución.

AHORA COMPRUEBA

¿Cuál fue el papel de James Madison en el desarrollo de la Declaración de Derechos?

CAPÍTULO 3

La Declaración de Derechos

Cuando se escribió la Declaración de Derechos, los miembros del Congreso recordaron su lucha contra el Rey de Inglaterra por la libertad. A medida que leas acerca de las enmiendas en este capítulo, ¿puedes decir cuáles fueron escritas en contra de la forma como el rey trataba a los colonos?

Protección a tus derechos

La Declaración de Independencia dice que las personas tienen derecho a "la vida, la libertad y la búsqueda de la felicidad". ¿Qué significa esto? La Declaración de Derechos es la lista de los derechos que tienen las personas.

El Congreso no creará ninguna ley con respecto al establecimiento de una religión o a la prohibición del libre ejercicio de la misma, o la restricción de la libertad de expresión o de prensa, o al derecho de la gente a reunirse pacíficamente y solicitar del Gobierno la reparación de agravios.

Este es el texto original de la Primera Enmienda. Las enmiendas fueron escritas en lenguaje legal, lo cual puede hacerlas difíciles de entender.

LA PRIMERA ENMIENDA

La Primera Enmienda trata acerca de la libertad de religión. Muchos colonos vinieron a América para tener libertad religiosa. Esta enmienda dice que las personas pueden practicar cualquier religión.

La enmienda también les da a las personas la libertad de hablar o escribir acerca de lo que quieran. Las personas tienen derecho a pedirle al gobierno que haga cambios. También tienen derecho a poder protestar sin preocuparse de que eso pueda traerles problemas.

Tienes derecho a reunirte y protestar pacíficamente.

LA SEGUNDA Y LA TERCERA ENMIENDAS

La Segunda Enmienda les da a las personas derecho a tener <u>armas</u> para cazar o para defenderse. También le permite a los estados tener una Guardia Nacional para ayudar al ejército habitual y para proteger y ayudar a la gente.

En la época de la Colonia, los estadounidenses a veces eran maltratados por el ejército británico. El ejército obligaba a las personas a darles alimento o un lugar para dormir a los soldados del rey. La Tercera Enmienda dice que los soldados deben tener tu permiso para quedarse en tu casa.

Detective del lenguaje	La palabra subrayada es un sustantivo concreto. Busca en esta página otro sustantivo concreto.

LA CUARTA ENMIENDA

Durante la Guerra de Independencia, los soldados británicos podían registrar o arrestar a las personas sin razón. La Cuarta Enmienda te protege de ser registrado si no hay una razón clara.

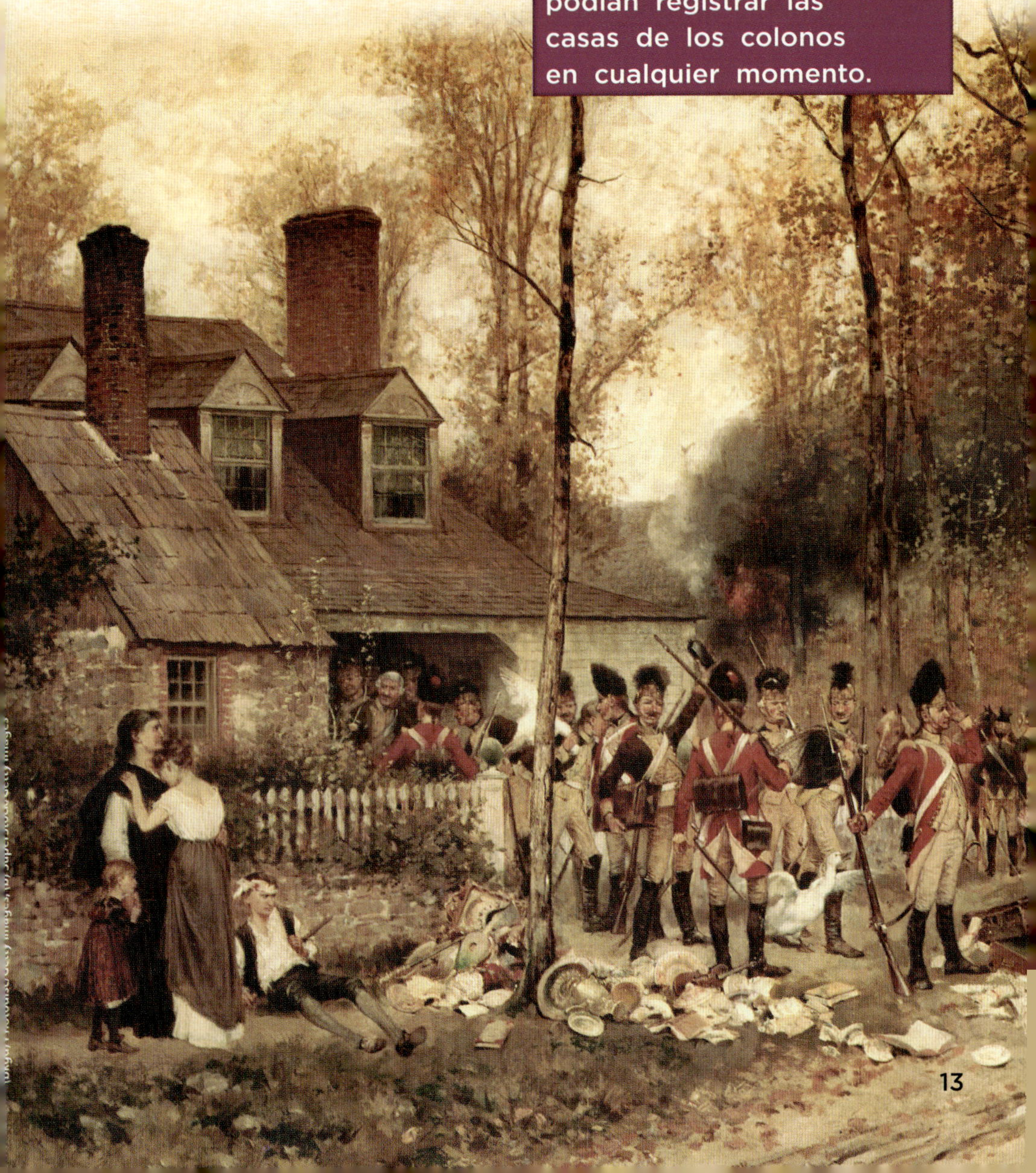

Los soldados británicos podían registrar las casas de los colonos en cualquier momento.

DE LA QUINTA A LA OCTAVA ENMIENDA

Tú tienes derechos incluso si has roto la ley. Estas cuatro enmiendas garantizan un trato justo hacia las personas acusadas de algún delito.

La Quinta Enmienda afirma que una persona no puede ser llevada a juicio excepto si un jurado dice que hay evidencia suficiente. Tú no puedes ser castigado a menos que un jurado diga que eres culpable. Además, el gobierno no puede llevarse tus cosas sin pagar por ellas.

Este jurado está listo para revisar la evidencia en un juicio.

La Sexta Enmienda te da derecho a que te digan de cuál delito te acusan. También tienes derecho a un juicio con un jurado y el derecho a defenderte.

Algunas veces, las personas debaten acerca de las propiedades o el dinero. La Séptima Enmienda dice que tú puedes pedir un juicio para resolver el desacuerdo frente a un jurado.

Tú tienes derechos, incluso si un jurado decide que eres culpable de haber cometido un delito. La Octava Enmienda le impide al gobierno maltratarte si eres culpable de algún delito.

Poner a una persona en el cepo era un castigo común en el siglo XVIII, pero la Octava Enmienda prohibió esta horrible pena.

LA NOVENA Y LA DÉCIMA ENMIENDAS

Imagina lo larga que sería la Declaración de Derechos si se enumeraran todos los derechos posibles. La Novena Enmienda fue una conciliación entre federalistas y antifederalistas. Solucionaba la preocupación de que la protección de ciertos derechos limitara la cantidad de derechos de las personas. Esta enmienda dice que tú tienes más derechos que los nombrados en la Constitución.

La Décima Enmienda dice que los estados o las personas están a cargo de todo aquello que la Constitución no diga en relación con las facultades del Congreso. Esta conciliación evita que el gobierno federal se vuelva muy poderoso. De esta forma, la Declaración de Derechos limita su poder.

AHORA COMPRUEBA

¿Cuáles son algunos de los derechos que te da la Declaración de Derechos?

Conclusión

Hace más de 200 años, la Declaración de Derechos se volvió parte de la Constitución. Estados Unidos ha cambiado mucho desde aquella época. Se han añadido otras enmiendas a la Constitución. ¿Conoces algunas de estas otras enmiendas?

El proceso usado para crear la Declaración de Derechos todavía funciona. Las personas pueden debatir sus problemas y conciliar para resolverlos.

Estados Unidos tiene la constitución en uso más antigua del mundo. Ha durado tanto tiempo porque hay una manera de cambiarla. Por esto nuestra Constitución es un modelo para otros gobiernos. Es una constitución del pueblo y para el pueblo.

Estas mujeres iraquíes muestran con orgullo que ellas también tienen derecho a votar.

Respuesta a la lectura

Resumir

Usa detalles importantes de *La Declaración de Derechos* para resumir cómo resolvieron los representantes los problemas. Usa el organizador gráfico como ayuda.

Problema	Solución

Evidencia en el texto

1. Ve a la página 10. ¿Qué características presenta el texto? ¿Qué tipo de texto es *La Declaración de Derechos*? **GÉNERO**

2. ¿Cómo resolvieron los miembros de la Cámara de Representantes el problema que tenían para escribir una declaración de derechos? Da ejemplos del capítulo 2. **PROBLEMA Y SOLUCIÓN**

3. ¿Qué significa la palabra *ratificar* en la página 6? ¿Cómo hace la autora para ayudarte a deducirlo? Busca otro lugar en el texto donde la autora usa definiciones o reafirmaciones para explicar una palabra. **DEFINICIONES Y REAFIRMACIONES**

4. Escribe sobre el problema que James Madison tuvo que resolver para que Virginia ratificara la Constitución. Explica cómo lo resolvió. **ESCRIBIR SOBRE LA LECTURA**

Género Texto expositivo

Compara los textos

Lee acerca de cómo compartir información nos ayuda a resolver problemas.

Expresa tu opinión

No podemos viajar al pasado. Sin embargo, las pinturas y otras imágenes nos ayudan a entender cómo era la vida hace mucho tiempo. La pintura de abajo muestra a varias personas que leen las noticias del día. Los federalistas y antifederalistas escribían artículos que se publicaban en los periódicos. Esta era una forma como compartían sus ideas.

En el siglo XVIII los cafés eran sitios populares para enterarse de las últimas noticias.

Compara la pintura con la fotografía de abajo. Es probable que estos jóvenes estén leyendo información de cualquier lugar de Estados Unidos o, incluso, de otras partes del mundo.

Podrían estar aprendiendo acerca de la Decimocuarta Enmienda. Esta enmienda fue aprobada después de la Guerra Civil. Dice que todas las personas nacidas en Estados Unidos son ciudadanos de este país. Se incluía a los afroamericanos que habían sido esclavizados.

O tal vez, están leyendo que las mujeres tuvieron derecho a votar en 1920, cuando se aprobó la Decimonovena Enmienda.

Algunos de estos jóvenes podrían estar escribiendo ensayos y publicándolos en internet.

Aún se trabaja en las enmiendas a la Constitución. ¿Sabes cómo la tecnología facilita esto actualmente? Hoy día la comunicación es instantánea, y cualquiera puede publicar sus ideas en internet. ¿Las personas tienen las mismas oportunidades de resolver sus diferencias cuando están frente a frente?

Quienes escribieron la Constitución y la Declaración de Derechos trabajaron juntos en el mismo salón hasta ponerse de acuerdo. ¿Es más difícil conciliar cuando las personas no están en el mismo salón?

En el futuro, se propondrán y debatirán más enmiendas. Por eso necesitamos conocer nuestros derechos. Es una buena idea estar enterado de las nuevas leyes y hacer preguntas.

La Constitución y la Declaración de Derechos se escribieron hace más de 200 años. Todavía necesitamos decirles a nuestros representantes lo que pensamos. Si no lo hacemos, ¿cómo podrán representarnos realmente?

Haz conexiones

¿Por qué al leer y compartir información podemos resolver problemas? **PREGUNTA ESENCIAL**

Según la *Declaración de Derechos* y *Expresa tu opinión*, ¿qué hacen las personas para llegar a un acuerdo cuando quieren cosas diferentes? **EL TEXTO Y OTROS TEXTOS**

Glosario

antifederalista persona que creía que los estados se debían gobernar a sí mismos y hacer sus propias reglas ***(página 5)***

Cámara de Representantes la cámara del Congreso donde el número de representantes de cada estado se basa en la población ***(página 8)***

conciliación un acuerdo donde ninguno de los grupos que se enfrentan consigue todo lo que quiere ***(página 3)***

delegado persona que es elegida para representar a otras personas en una reunión ***(página 3)***

enmienda cambio en las palabras o en el sentido de una ley ***(página 9)***

federalista persona que creía que debía haber un gobierno central fuerte dirigiendo los estados ***(página 4)***

independencia libertad de un control externo ***(página 5)***

ratificar aprobar algo ***(página 6)***

Senado la cámara del Congreso donde cada estado tiene dos representantes ***(página 6)***

Índice

Enfoque:

Estudios Sociales

Propósito Entender las diferentes opiniones que tienen las personas en un grupo y llegar a posibles acuerdos

Paso a paso

Paso 1 Con un compañero o en un grupo pequeño, elige un problema que afecte a los estudiantes, como el uso del teléfono celular en la escuela.

Paso 2 Haz un diagrama de Venn en una hoja de papel. Rotula un círculo "a favor" y otro "en contra". Marca la zona donde los círculos se superponen con "ambos".

Paso 3 Escribe razones a favor y en contra en los círculos marcados. Si hay una razón que va en ambos círculos, escríbela donde los círculos se superponen. ¿Qué conciliaciones harías? Toma una decisión acerca del problema.

Paso 4 Informa a la clase los resultados, explicándoles la solución y cómo llegaron a ella.